Michel Piqu

20 contes des pourquoi

ou d'origine abracadabrantesque

Illustrations de
Maria Jalibert

Collection dirigée par
Régis Delpeuch

SEDRAP Jeunesse

Michel Piquemal vit à Béziers où il est né en 1954.

De ses rêves d'enfance – être écrivain et instituteur – il a réalisé l'un et l'autre… Mais aujourd'hui, c'est à l'écriture qu'il consacre la majeure partie de son énergie. Tour à tour parolier, scénariste, scénariste BD, collaborateur aux revues pour enfants et auteur de livres pour la jeunesse…

Il dirige la collection « Carnets de sagesse » aux éditions Albin Michel et a publié : *Le Jobard (Milan), Le Pionnier du Nouveau Monde (Milan), Histoires d'Indiens (Sedrap), La poule qui pond des patates (Milan), Les philo-fables (Albin Michel), Le manège de Petit Pierre (Albin Michel), Tokala l'indien cheval (Milan), Mon papa ce géant (Le Rocher), Le cœur de Violette (De Lamartinière), Paroles indiennes (Albin Michel), Enquête à la colo (Milan), Plumes de neige (Casterman), Le Grand Livre de tous les méchants (Milan), Léon polisson/Léon gourmand (Sedrap), Histoires de loups (Sedrap)…*

Régis Delpeuch voit le jour le 5 février 1956 (par très grand froid !) à Ladornac, au fin fond du Périgord noir.

Instituteur pendant plus de vingt ans à Mérignac (en Gironde) il tombe (entre la cueillette des cèpes, la traque des truffes et l'élevage de foie gras) dans la marmite de l'édition pédagogique avant de plonger, un peu plus tard, dans le grand bain de la littérature jeunesse !

De *Rififi au collège* à *L'Ortogafeur*, en passant par *Le Bêtisovore* et *Histoires de dragons*, il a pris le parti de l'humour pour captiver ses jeunes lecteurs et les amener, l'air de rien, à réfléchir, à s'interroger sur des choses aussi sérieuses que la différence, la tolérance…

Maria Jalibert

Maria qui ? Maria quoi ? Maria comment ? Maria pourquoi ?

Maria Jalibert, du joli nom que lui donnèrent un jour son papa et sa maman, est née à Castres.
À Toulouse, elle a suivi quelque temps les cours des Beaux-Arts, puis le cours de la Garonne jusqu'à Bordeaux et enfin ceux de l'IUT des Métiers du Livre…

Là-bas, elle a rencontré une certaine Claire avec qui elle a concocté un abécédaire peuplé d'animaux à plumes, d'animaux à poils… *« Des animaux tout nus ? »*
Oui, vous avez bien lu, avec tout plein d'histoires et encore plus de couleurs. C'est ainsi qu'est né *Yack'à lire de A à Zèbre*, son premier livre suivi par *Les voyages d'Hyppolite Podilarius*, tous les deux parus aux éditions Points de suspension.

Dans sa caravane-atelier, aujourd'hui amarrée près de Brive, elle colle, elle découpe, elle triture, elle agence, elle modèle, elle bricole, elle photographie, et surtout elle crée à partir de tout et de rien et invente des mondes imaginaires comme autant de manières d'être au monde et d'exprimer d'autres réalités.

POURQUOI
les papillons zigzaguent-ils ?

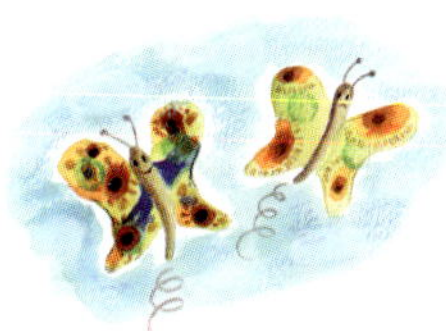

Le premier papillon s'appelait Zig.
Le deuxième s'appelait Zag.
Zig aimait Zag, mais Zag n'aimait pas Zig.
Zag volait de droite à gauche...
Zig essayait de le suivre pour lui faire des bisous.
Et c'est depuis que les papillons zigzaguent !

R. Delpeuch

POURQUOI le singe a-t-il les fesses rouges ?

Sur la grande montagne, il y avait un pin magnifique. Et ce pin faisait des fruits tout aussi magnifiques, de belles et grosses pommes de pin, savoureuses à souhait. Un jour, attiré par la bonne odeur des pignons, un singe vint élire domicile tout en haut de ce pin. Et il mena au sommet de l'arbre une vraie vie de nabab, nourri comme un prince.

Mais ce singe était un grossier personnage. Souvent, il ne dévorait les pommes de pin qu'à moitié et jetait négligemment le reste en bas de l'arbre. Le pin avait beau le réprimander pour ce gaspillage, le singe n'en faisait qu'à sa tête. Aussi le pin décida de se venger.

Une après-midi où le singe s'était endormi sur la fourche d'une branche, l'arbre secréta sous ses fesses une grande quantité de résine bien collante.
Lorsque le singe voulut se lever, il se retrouva prisonnier à la branche.
Alors, il força, força tant et si bien que sa peau se décolla.
Voilà pourquoi les singes ont désormais les fesses rouges et sans poils.
Ce n'est pas joli du tout. Et ma foi, c'est bien fait pour eux !

D'après un conte chinois
M. Piquemal

POURQUOI les serpents mangent-ils les grenouilles ?

Ce jour-là, je serpentais au bord d'une mare. Soudain, atterrit devant moi, une jeune grenouille. Je la saluai poliment et continuai mon chemin.
Pas longtemps ! Trois bonds... et la revoilà devant moi !
– Où vas-tu, ami serpent ?
Je ne suis pas bavard et je n'aime pas les questions. Aussi, je ne répondis pas et je repris ma route.

Hop! encore elle :
– Pourquoi changes-tu de peau?
Hop! toujours elle :
– Pourquoi n'as-tu pas de pattes?
Hop! de nouveau elle :
– Pourquoi as-tu une si grande langue?
Hop! elle, elle, elle...
– Pourquoi tes crocs sont-ils remplis de venin?
– Pourquoi ci? Pourquoi ça?
Trop, c'est trop : cette grenouille finit par me casser la tête, me réchauffer le sang!
Je la fixai de mes gros yeux et demandai :
– Grenouille, mon amie, pourquoi toutes ces questions?
– Je suis bavarde et curieuse. J'aime bien savoir qui sont les gens que je rencontre.

– Eh bien, je vais te faire voir qui je suis ! dis-je en ouvrant la bouche à m'en décrocher les mâchoires.

Et j'avalai la grenouille bavarde et curieuse. Je me rendis compte alors qu'elle avait fort bon goût !

Et c'est depuis ce jour, que nous autres serpents, nous nous régalons des grenouilles bavardes et curieuses qui croisent notre route !

R. Delpeuch

POURQUOI les escargots sont-ils si lents ?

Il y a très longtemps, nos amis les escargots n'étaient pas comme ils sont aujourd'hui. Ils n'avançaient pas doucement, tout doucement ; mais au contraire fonçaient comme des bolides.

C'était très ennuyeux pour les autres bêtes ! Quand un lapin voulait traverser un chemin, il devait s'avancer prudemment, regarder à droite et

à gauche, puis traverser d'un saut. Sinon, gare aux escargots !
Quand un mouton voulait boire un peu d'eau, il ne devait pas s'attarder. Car les escargots adoraient faire du surf au fil de l'eau ! Et s'ils passaient un peu trop près, notre mouton était trempé !
C'était une vraie catastrophe pour les éléphants. Il suffisait d'un escargot pour renverser tout un troupeau. Il zigzaguait entre leurs pattes.

Les grosses bêtes s'affolaient. Elles se dressaient, la trompe en l'air, et finissaient sur le derrière! Les escargots comptaient les points. Ils se croyaient au jeu de quilles, et pour chaque éléphant par terre, marquaient une croix sur leur coquille.

C'était un vrai désastre pour les champs et les prés. Les escargots passaient leur vie à organiser des rallyes. Ils filaient à toute vapeur semant la terreur parmi les épis. Ils fonçaient en baissant la tête, les cornes en avant comme des vachettes. Et quand la tornade avait disparu, des épis dorés, il n'y en avait plus!

Tout le monde se plaignait d'eux auprès du Grand Dragon Bleu qui

commandait alors la Terre. Mais celui-ci ne faisait rien. À son idée, tout allait très bien : les poissons nageaient, les oiseaux volaient, les escargots fonçaient... Depuis toujours c'était ainsi ! Pourquoi vouloir changer la vie ?
Mais un jour qu'il visitait son domaine, assis sur son trône roulant, tiré par cent zébus blancs... deux escargots se poursuivant vinrent semer la panique parmi la royale clique. Les zébus prirent le galop et le chariot se renversa.
Le Grand Dragon Bleu dégringola et alla s'asseoir en tombant, les deux fesses sur un volcan. Quand il se releva, le poil roussi sur son derrière, il se mit à crier, à hurler de colère :

– À partir de maintenant et pour deux cent mille ans, je condamne les escargots… à être de tous les animaux, les plus lents des plus lents !
Depuis, les escargots sont mous ; ils se traînent tout doux, tout doux.
Du moins la plupart d'entre eux… Car certains ont désobéi et continuent à foncer. Si on ne les voit jamais, c'est parce qu'ils vont très vite… plus vite qu'un ouragan. Mais ils nous créent bien des tourments.
Quand vous glissez en pleine rue et que vous tombez par terre… c'est la faute d'un escargot qui vient de passer ventre à terre !
Quand vous lisez dans les journaux qu'une maison s'est écroulée, ce sont encore les escargots !

ET quand on dit à la télé qu'un TGV a déraillé, à qui croyez-vous que ce soit dû ? Aux escargots gras et cornus !
Par la barbe de ma verrue, ce sont vraiment de sales bêtes. Si j'attrape un de ces baveux, je vais lui souhaiter bonne fête. Je le fais griller sur le feu ou bien je le mange tout cru.
Gastéropodes ventrus, à bon entendeur salut !

M. Piquemal

POURQUOI

la vache fait-elle meuhhh ?

Il y a très longtemps, les vaches avaient un drôle de cri. Elles ne faisaient pas « meuhhh » comme aujourd'hui, mais « cui cui cui »; ce qui faisait rigoler tout le monde. Imaginez : des grosses vaches ouvrant de grandes bouches et poussant de minuscules « cui cui cui ! » Les oiseaux, par contre, volaient dans le ciel en poussant de grands « meuhhh ».

Si les vaches n'étaient pas contentes, les oiseaux non plus. Car lorsqu'un oiseau voulait nourrir son oisillon, il essayait de lui dire gentiment « Mange, mon petit ! » Mais il ne sortait de sa bouche qu'un terrible « meuhhh ! »
L'oisillon s'affolait, il se cachait dans le nid, ne voulait pas manger et cela faisait toute une histoire. Maman oiseau et Papa oiseau s'en arrachaient les plumes de désespoir.

Or, à chaque fois qu'un oisillon pleurnichait, tout ce remue-ménage réveillait la chouette qui dormait le jour dans le grand arbre ? Elle finit par en avoir assez, et comme elle est bien connue pour sa sagesse, elle décida de régler le problème.

– Il faut faire un échange, dit-elle.
Et elle passa une annonce dans le journal de la forêt.
Qui veut échanger son cri contre le « meuhhh » *des oiseaux ?*
Le chien se présenta mais les oisillons étaient encore plus effrayés quand leurs parents aboyaient !
La brebis se présenta mais aucun des petits oiseaux ne voulut faire « bèèèèèhhh ! »
Finalement, ce fut la vache qui emporta l'affaire. Les oisillons essayèrent leur « cui cui cui »... et miracle ! tous les oisillons tendirent des becs ravis.
Et quand la vache essaya son grand « meuhhh », le son se répandit avec noblesse dans toute la prairie.

Les oiseaux s'envolèrent en faisant « cui cui cui », la vache repartit en battant de sa queue, toute fière de son « meuhhh » et la chouette... se rendormit !

M. Piquemal

POURQUOI la chauve-souris n'a-t-elle pas de plumes ?

En ce temps-là, la chauve-souris était déjà le plus gentil de tous les volatiles. Comme les oiseaux, elle avait de belles plumes multicolores. Mais déjà, elle dormait tête en bas. Pourquoi ? Parce qu'elle était bien comme ça et que c'était la seule position dans laquelle elle ne faisait pas de cauchemar !

Mais un soir de grand froid, alors qu'elle allait s'endormir, elle vit passer un mendiant. Il allait nu-pieds, portant sur son épaule une mince couette qu'il posait à même le sol et qui lui servait de lit.

La chauve-souris s'arracha toutes ses belles plumes multicolores et les tendit au mendiant :

– Prends, lui dit-elle ! Je ne crains pas le froid et je peux, si je le veux, aller dormir dans des greniers bien chauffés.

Le mendiant la remercia et lui dit :

– Que vas-tu faire si tes plumes ne repoussent pas ? Les oiseaux vont se moquer de toi !

– Ce n'est pas grave, répondit la gentille chauve-souris. Je volerai la nuit et personne ne verra que je suis toute nue !

Et ainsi fût fait !

R. Delpeuch

POURQUOI les corbeaux sont-ils tout noirs ?

Autrefois, le corbeau avait le plus beau plumage de tous les oiseaux du monde : un plumage multicolore semblable à un véritable arc-en-ciel. Tous les autres oiseaux le complimentaient sans cesse et il finit par en être gonflé d'orgueil.

Quand quelqu'un lui disait :

– Comme tu as un beau plumage !

Il répondait fièrement en pinçant le bec :

– Oui, oui, je sais!
Puis il s'envolait, en précisant :
– Je vous quitte car j'ai trop peur que vous me salissiez les plumes!
Bref! le corbeau avait la grosse tête!
Un jour, un orage mit le feu à la forêt. Les arbres s'embrasèrent. Et cela fit monter vers le ciel de longues flammes rouges, bleues, jaunes, mauves et violettes.
Devant ce spectacle, le corbeau s'écria :
– Quel oiseau es-tu donc pour chercher à te mesurer à moi? Ne sais-tu pas que nul parmi les oiseaux du ciel n'a un aussi beau plumage?
Et comme le feu ne répondait pas, le corbeau s'approcha plus près, toujours plus près, dans l'espoir de

le défier. Il voulait frapper le feu pour le faire partir. Mais il ne réussit qu'à se brûler les ailes. Il ressortit de son combat aussi penaud que roussi.
Et c'est depuis ce temps, dit-on, que le corbeau a les plumes toutes noires !

D'après un conte chinois
M. Piquemal

POURQUOI la chasse à la baleine est-elle interdite ?

Dans le grand océan Pacifique, il était une fois trois baleines : Jujube, Juba et Jujuba.

Jujube n'aimait pas le plancton.
Or, quand on naît baleine, les menus ne sont pas très variés :
Petit-déjeuner au plancton – Déjeuner au plancton – Goûter au plancton et bon souper au... plancton !

Oui, mais voilà ! Jujube détestait vraiment le plancton.
Elle se nourrissait uniquement de petites crevettes. Malheureusement, elle en attrapait très peu. Aussi, elle était mince comme une anguille : une anguille de vingt mètres de long !
Jujube n'était pas à la mode. À la mode baleine, bien sûr !
Les autres baleines se moquaient toujours d'elle. Jusqu'au jour où...

Juba avait eu une drôle d'aventure. Un jour qu'elle faisait une petite sieste la bouche grande ouverte, une pieuvre étourdie se faufila entre ses fanons et s'engouffra dans son ventre. Impossible pour elle de retrouver la sortie !

Quand Juba se réveilla, elle se dit : « J'ai l'estomac barbouillé. Ça va passer ! »
Mais cela ne passa pas. Au contraire. Plus la pieuvre se démenait pour essayer de sortir du ventre de Juba, plus elle la chatouillait avec ses tentacules.
Or, Juba ne supportait pas les chatouilles ! Aussi, la pauvre baleine

se mit à gigoter dans tous les sens. Sa tête gigotait. Sa queue gigotait. Ses nageoires gigotaient. Sa bosse gigotait. Dans tous les sens et sans arrêt !
Les autres baleines se moquaient toujours d'elle. Jusqu'au jour où...

Jujuba était une drôle de baleine !
Elle était la seule baleine au monde à... pondre ! Et en plus, elle pondait des... cailloux ! Des cailloux magnifiques : tout ronds, tout lisses, tout durs, et tous d'une couleur différente.
Pauvre Jujuba ! Elle pondait sans arrêt. On pouvait la suivre à la trace comme le Petit poucet. Jujuba aurait bien aimé avoir un petit baleineau.

Mais rien à faire ! Elle pondait, pondait, pondait...
Les autres baleines se moquaient toujours d'elle. Jusqu'au jour où...

Jusqu'au jour où... le peuple baleine fut encerclé par des dizaines de bateaux de pêcheurs. Impossible de fuir. Les baleines firent un grand cercle pour protéger leurs baleineaux. Puis, elles attendirent, résignées, que les harpons leur transpercent le dos.
C'est alors que Jujube, Juba et Jujuba eurent une idée géniale !
Jujuba se mit à pondre des cailloux. Des cailloux encore plus gros, encore plus ronds, encore plus durs que d'habitude. Des dizaines, des centaines de cailloux.

Elle les pondait sur la tête de Jujube qui se servait de son corps d'anguille comme d'un toboggan. Les cailloux dévalaient ainsi jusqu'à Juba.
Arrivés sur Juba qui gigotait de plus belle, les cailloux rebondissaient et étaient projetés dans les airs. Très haut, très fort. De vrais obus de canon !
Juba tirait dans tous les sens. Les cailloux-obus retombaient sur les bateaux des pêcheurs. Ils cassaient les mâts. Ils cassaient les ponts. Ils cassaient les gouvernails.
Bientôt, presque tous les bateaux furent détruits. Les pêcheurs se regroupèrent sur un navire qui avait échappé miraculeusement au bombardement. Ils s'enfuirent à

toute vitesse et on ne les revit plus ! Le peuple baleine était sauvé.
C'est depuis ce jour-là que les baleines ne se moquèrent plus jamais ni de Jujube qui n'aimait pas le plancton, ni de Juba qui avait avalé une pieuvre, ni de Jujuba qui pondait des cailloux.
Et c'est aussi depuis ce jour, que les hommes pétochards interdirent la pêche à la baleine et c'est… tant mieux !

R. Delpeuch

POURQUOI les poissons rouges sont-ils rouges ?

En ce temps-là, les poissons rouges n'étaient pas rouges. Ils étaient gris argenté comme tous les poissons de toutes les mers, de tous les lacs, de toutes les rivières...
Mais un jour, un cargo transportant du jus de tomate fut pris dans une terrible tempête. Le capitaine sauva ses hommes et quitta le navire juste avant qu'il ne coule.

Le bateau finit de se fracasser en touchant le fond de l'océan. Au passage il avait réveillé un banc de petits poissons et quelques poissons-scies.
Or, comme tout le monde le sait, les poissons-scies sont très curieux ! Vraiment très très curieux. Deux d'entre eux s'approchèrent d'un container et de bon cœur, se mirent à le scier. Au bout de quelques minutes, le jus de tomate se répandit dans la mer.
Apeurés, les petits poissons s'enfuirent, sauf un, le plus gourmand, qui avala le liquide rouge.
– Hé ! les copains ! Revenez ! C'est vachement bon ! marmonna-t-il la bouche pleine.

Heureusement, sa maman n'était pas là, car même chez les poissons, c'est très mal élevé de parler la bouche pleine !

Mais le banc de poissons était loin et aucun n'entendit le petit gourmand qui continua à s'empiffrer du bon jus de tomate. Il en mangea tellement qu'il en fit une indigestion et surtout une allergie : ses écailles devinrent toutes rouges !

Quand il rejoignit ses copains, personne ne le reconnut. Pire, ils rirent comme des baleines et se moquèrent de lui.

– Vous êtes des idiots ! hurla le petit poisson. J'ai mangé un truc délicieux ! Continuez à rire, moi j'y retourne !

Vexés de s'être fait traiter d'idiots, les poissons le suivirent. Le nuage de jus de tomate était maintenant gigantesque car les poissons-scies qui étaient une bonne dizaine, continuaient de percer container après container.
Tous se régalèrent du jus de tomate et tous devinrent rouges de la pointe de la tête au bout des nageoires.

R. Delpeuch

POURQUOI les dauphins ne nous laissent-ils plus monter sur leur dos ?

Sur les côtes d'Espagne, il fut un temps merveilleux où les dauphins servaient de chevaux des mers aux hommes. Lorsqu'un homme voulait naviguer, il s'avançait au bord de l'eau et un dauphin venait le chercher en frétillant de la queue. Il montait alors sur son dos. Le dauphin l'emportait exactement où il voulait. Ainsi les hommes

pouvaient aller sans peine d'un village de la côte à l'autre.
C'était, je l'ai dit, un temps vraiment merveilleux !
Hélas, deux seigneurs de Catalogne eurent l'idée d'utiliser les dauphins dans leurs armées. Et, plusieurs années durant, ils s'affrontèrent dans de sanglants combats sur mer. C'était un spectacle terrible ! Les soldats, juchés sur les dauphins, ferraillaient de leurs armes. Les blessés tombaient à l'eau et périssaient noyés. Parfois même, un dauphin était touché par le fer d'une épée et sombrait lui aussi.
Tant de malheurs, tant de douleurs et de chagrins finirent par irriter le roi des Poissons. Et lorsqu'au cours d'une grande bataille, les flots furent

rougis de dizaines de corps sans vie, il prit une décision solennelle. Il interdit désormais aux dauphins de se prêter aux jeux meurtriers des hommes. Plus personne ne pourrait dès lors monter sur leur dos.
Et c'est depuis ce temps que les dauphins, comme tous les poissons, restent à l'écart des hommes.

D'après un conte catalan
M. Piquemal

POURQUOI le ciel est-il si loin de la Terre ?

Au temps jadis de jadis, le ciel était à portée de nos mains, et c'était quelque chose de merveilleux. En effet, les hommes n'avaient pas besoin de travailler pour se nourrir. Quand ils avaient faim, ils attrapaient un petit bout de ciel et ils le mangeaient.

Mais un jour, le ciel se fâcha car les hommes ne le respectaient plus. Ils se coupaient souvent de grands

morceaux de nuage, de Lune... qu'ils ne finissaient même pas et qu'ils jetaient aux ordures.
Le ciel les avertit : s'ils continuaient à le gaspiller, il s'en irait !
Les hommes, un peu impressionnés, lui prêtèrent à nouveau attention. Mais les années passèrent et l'avertissement du ciel ne fut plus qu'une lointaine parole.

Un jour, une femme vorace se coupa un énorme morceau de ciel. Elle en mangea toute la journée, mais elle ne parvint pas à le terminer. Elle appela son mari, mais il ne put pas le finir lui non plus. Elle appela alors toutes ses amies et tous les villageois, mais ils ne parvinrent pas à le terminer. En désespoir de cause, ils jetèrent discrètement ce qu'il restait aux ordures.

Mais le ciel avait tout vu et sa colère était sans pareille. Il s'éleva aussitôt très haut, très haut, très haut… et il disparut à la vue des hommes.

Et c'est depuis ce temps que les hommes doivent cultiver le sol et travailler pour se nourrir !

D'après un conte africain
M. Piquemal

POURQUOI l'Amazone est-il un fleuve si grand ?

Pour expliquer la naissance de l'Amazone, l'un des trois plus grands fleuves du monde (avec le Nil et le Yang Tsé), les Indiens Macuxis du Brésil, racontent cette bien belle histoire.

Au matin du monde, le Soleil et la Lune étaient amoureux. Ils passaient jours et nuits ensemble et ne se quittaient pas un seul instant.

Gêné par l'éclat de leur amour, le dieu Tupa entra dans une colère terrible. Il convoqua le Soleil et la Lune et leur ordonna de se séparer sinon, il les détruirait l'un et l'autre à tout jamais.

Les deux amoureux le cœur gros, obéirent au dieu Tupa. La Lune s'éloigna du Soleil et demanda refuge à la Terre. Cette dernière accepta avec joie. Mais la Lune, tout en tournant autour de sa nouvelle amie, ne pouvait oublier le Soleil. Sans cesse, elle pleurait et l'Amazone est une des larmes de la Lune tombée sur Terre.

R. Delpeuch

POURQUOI le feu a-t-il si grand appétit ?

Un soir que je bivouaquais à la belle étoile dans la savane africaine, Sambo, mon guide peuhl, alluma un grand feu de bois. Et nous sommes restés une bonne partie de la nuit à le regarder se consumer.

Soudain, alors que j'étais assoupi, une flamme siffla dans les fibres d'une vieille souche.

– Le Grand Lion rugit, me murmura Sambo.

J'ouvris les yeux et le regardai sans comprendre. Et devant mon étonnement, il me conta cette vieille légende peuhl...

Il y eut autrefois, en pays peuhl, un lion immense qui terrorisait les tribus. Si grand, si fort, si féroce qu'aucun guerrier ne parvenait à en venir à bout. Or son appétit était insatiable. Pas un seul jour sans qu'il ne dévore une antilope, un buffle ou même un enfant du village. Les Peuhls sont de farouches chasseurs mais leurs lances semblaient se briser sur le Grand lion.

En Afrique, lorsque le pouvoir des hommes est impuissant, on invoque alors la magie et les Esprits.

Aussi, envoya-t-on Doumba Diof, le plus grand sorcier du pays à la rencontre du Grand Lion. Doumba prit ses gris-gris, son sac en peau de léopard, ses pierres et son bâton magique et partit au devant de

la bête à l'appétit insatiable. Il la trouva à l'entrée d'une grotte, couchée sur le flanc près d'une carcasse de phacochère.
Dès qu'il vit Domba Diof, le Grand Lion se dressa sur ses pattes et secoua son immense crinière. Le sorcier ne bougeait pas car il avait avec lui le pouvoir des « Invisibles ». Il fixa la bête et les yeux du lion rougirent de colère. Doumba Diof ne baissa pas son regard et les yeux du lion semblèrent lancer des éclairs.
Alors, d'une passe magique de son bâton, Doumba Diof le transforma en une boule de feu. Puis calmement, il mit la boule de feu dans son sac en peau de léopard et la ramena à sa tribu.

Depuis, le peuple Peuhl possède le feu qui permet de cuire les aliments, de se chauffer durant les nuits froides et d'éloigner les autres bêtes sauvages.
Mais le feu a gardé le très grand appétit du Lion. Il dévore tout sur son passage. Et malheur aux hommes lorsqu'il s'échappe dans la savane. Ses flammes, à la crinière de grand fauve, sont une bouche qui mange sans fin.

M. Piquemal

POURQUOI les arbres ont-ils perdu la parole ?

Il fut un temps où les arbres, les plantes et les herbes étaient des êtres vivants.
Oh ! je sais, allez-vous me dire, ils le sont encore aujourd'hui. Eh bien, non ! ils survivent certes, mais ils ne sont pas vivants.
Autrefois, les branches étaient comme des antennes, les feuilles comme des milliers de bouches. Les arbres écoutaient, les arbres

parlaient. Ils étaient fiers, sauvages, libres. Ils traitaient d'égal à égal avec toutes les créatures vivantes. Les hommes même les respectaient. S'ils avaient besoin d'un peu de bois pour se chauffer, ils prenaient

les branches mortes qui jonchaient le sol. S'ils avaient besoin d'un bout d'écorce, ils le demandaient poliment… et les arbres le leur donnaient en souriant.

Mais un jour, les hommes en ont eu assez de demander la permission. Ils ne supportèrent plus d'avoir en face d'eux des êtres libres, fiers et sauvages. Ils voulurent les courber sous leurs lois. L'herbe pouvait bien pousser, mais pas sur leurs chemins. Les arbres pouvaient bien exister mais à condition de leur donner des fruits à manger ou du bois pour se chauffer… sinon ils n'avaient qu'à disparaître pour faire un peu plus de place. Quant aux rochers, il leur fallait arrondir les angles.

Petit à petit, à force de ne plus jamais demander la permission aux arbres, à force de ne plus les écouter, ceux-ci s'arrêtèrent tout bonnement de parler. On oublia le sens de leur langage. Et l'homme finit par se persuader qu'ils étaient muets depuis la nuit des temps.

Mais qui sait ? peut-être qu'un jour des enfants viendront. Ils se remettront à parler aux arbres, à leur demander la permission pour construire une cabane ou une balançoire entre leurs branches ? Alors, les mille bouches du feuillage s'ouvriront. Et bonheur à qui saura entendre !

M. Piquemal

POURQUOI l'eau de la mer est-elle salée ?

Des côtes de la Chine aux rives de la Norvège et de tous les autres pays scandinaves court une légende. Une légende qui explique pourquoi l'eau de la mer est salée !

En ce temps-là, l'eau de la mer, comme celle des rivières, des lacs et des nuages était douce comme de la soie.

Mais un jour, deux frères héritèrent de la fortune de leur père. Enfin l'aîné hérita! Car étant le plus fort, il chassa son frère cadet de la maison paternelle sans lui donner une seule pièce d'or.

Le cadet s'installa avec sa femme, dans une petite maison au bord de la mer. Mais bien vite, la misère les rattrapa.

Un matin, alors qu'il n'avait même plus un grain de riz à se mettre sous la dent, le cadet alla chez son frère et le supplia :

– Mon frère, toi qui es riche et bon, prête-moi un peu de blé et de riz. Je te le rendrai dès que j'aurai vendu ma maison.

Mais l'aîné était encore plus avare que riche et il refusa de prêter quoique ce soit à son cadet.
Dépité et honteux, ce dernier regagna le port, emprunta le bateau de son voisin et partit à la pêche. La mer serait sûrement plus généreuse que son frère ! Quand il remonta les filets, il n'y avait pas le moindre poisson, mais un moulin. Le pauvre homme décida de ramener cet objet insolite à la maison.
Sa femme, le voyant rentrer sans riz ni poisson se mit en colère :
– Que veux-tu que je fasse de ce moulin ? Lui faire moudre de l'or !
Elle n'avait pas fini de prononcer ces paroles, que le petit moulin se mit à moudre et déversa sur la table de la poussière d'or !

Incroyable! Le moulin moulait tout ce qu'on lui demandait : de l'or, du blé, du riz, du poivre, des diamants... Il suffisait de le retourner pour qu'il s'arrête de moudre!

Bientôt, l'aîné apprit que son frère allait être plus riche que lui. C'était insupportable! Il alla le voir et lui dit :
– Mon frère bien-aimé, je vais partir sur la mer avec ma femme! Je te donne la maison et la ferme.
– Mais pourquoi cela? demanda le cadet, surpris par la soudaine générosité de son aîné.
– Je ne veux pas la vendre à quelqu'un qui n'est pas de la famille. En échange, je te demande juste de m'offrir un petit cadeau!

– Tu es trop bon! répondit le cadet. J'accepte avec joie, car c'est la maison de notre père. Tiens, prends ce que tu veux!

Sans hésiter, l'aîné prit le moulin magique. Pourquoi? Car les deux femmes continuaient à se voir en cachette de leurs maris et elles étaient très bavardes.

Le lendemain, l'aîné embarqua sur son bateau avec pour seul bagage le petit moulin. Il s'éloigna de la côte et décida de manger un petit peu avant de demander au moulin de moudre tout ce dont il rêvait depuis la veille.

Il attrapa la salade que lui avait préparée sa femme, en avala une bouchée et dit à haute voix :

– Quelle idiote, elle a oublié le sel!

Aussitôt, le moulin se mit à moudre du sel ! Bientôt, le pont fut blanc comme neige. L'aîné ne sachant pas comment arrêter le moulin et ne voulant pas le jeter à l'eau, eut beau crier, hurler, vociférer, le sel continuait à envahir le bateau et bientôt passait par-dessus bord.
Et d'un coup, d'un seul, le bateau coula, emportant avec lui, le méchant avare et le moulin magique qui continue depuis ce jour à moudre du sel, au fond de la mer !

R. Delpeuch

POURQUOI les volcans se mettent-ils en colère ?

Pourquoi les volcans se mettent-ils en colère ?
Parce qu'ils ont mauvais caractère !

Pourquoi y a-t-il des avalanches ?
Parce que les yétis les déclenchent !

Pourquoi la Terre tremble ?
Parce qu'on éternue tous ensemble !

Pourquoi y a-t-il des cyclones et des ouragans ?
Pour faire peur aux ogres et aux géants !

Pourquoi l'orage gronde ?
Parce qu'il ne sait pas faire la ronde !

Pourquoi la nuit est noire ?
Pour que les fantômes puissent se voir !

Pourquoi toutes ces questions ?
Parce que nous nous les posions !

R. Delpeuch

POURQUOI le Père Noël a-t-il une barbe blanche ?

Quand le Père Noël commença sa première tournée, c'était il y a très longtemps, il n'avait pas de barbe blanche. Il n'avait d'ailleurs pas de barbe du tout ! Juste une petite moustache de rien du tout et il était très heureux comme ça !

Alors, me direz-vous, s'il a maintenant une barbe blanche, c'est parce qu'il est très vieux. Que nenni! Le Père Noël ne vieillit pas ! Le Père

Noël n'est pas vieux ! Le Père Noël est le Père Noël !

Non, s'il a une barbe blanche, c'est parce qu'un jour le Père Noël a eu des enfants. Des jumeaux : une fille Marie et un garçon Jean.

Quand ils eurent deux ans, la Mère Noël dit à son mari :
– Nos enfants ont aussi le droit d'avoir des cadeaux pour Noël.
– Bien sûr répondit le Père Noël. Je leur en porterai, comme à tous les enfants du monde entier.
– Oui, mais ils vont te reconnaître, ajouta la Mère Noël, et ils ne croiront pas au Père Noël. C'est embêtant !
– J'ai trouvé ! s'exclama le Père Noël, en prenant dans sa main un bout de

nuage. Pour ma tournée, je mettrai une barbe blanche!
Et ainsi fut fait!

R. Delpeuch

POURQUOI les gommes n'ont-elles pas de pattes ? (1)

Mon grand-père m'a raconté que lorsqu'il était enfant, à son école, les gommes avaient des pattes. De toutes petites pattes qui leur permettaient de se déplacer en liberté. C'était très rigolo... mais ce n'était pas pratique. En effet, elles passaient tout leur temps à se balader dans la classe. Et lorsqu'un enfant cherchait sa gomme pour effacer une erreur sur son cahier, il ne la trouvait jamais.

– Maîtresse, disait-il, je ne peux pas travailler. Je ne trouve pas ma gomme.

– Maîtresse, je ne peux pas faire le dessin de ma poésie, ma gomme est partie.

Cela dura de nombreuses années. Mais au bout d'un moment, la maîtresse d'école de mon grand-père en a eu assez... assez de cette pagaille ! Alors, un soir, elle a organisé avec ses élèves une chasse à la gomme. Lorsqu'ils les ont eu toutes capturées avec leur filet à papillons, crac... couic et couic... avec sa paire de ciseaux, la maîtresse leur a coupé les guibolles !
Et c'est depuis ce temps, prétend mon grand-père, que les gommes n'ont plus de pattes.

M. Piquemal

POURQUOI les gommes n'ont-elles pas de pattes ? (2)

N'importe quoi ? je ne sais pas qui a pu écrire les bêtises que je viens de lire !

Moi, Gomminette, la reine des gommes, je connais la vérité vraie sur la disparition de nos pattes et je m'en vais vous la conter.

C'est vrai : nous avions des pattes ! De toutes petites pattes ! Et c'était très pratique pour tous les élèves. Il suffisait qu'ils nous disent la lettre,

la tache, le trait... à effacer pour que d'un pas tranquille pour les plus grosses gommes et à toute vitesse pour les plus petites, nous gommions à qui mieux mieux! Et même, de temps en temps, nous désobéissions à nos petites maîtresses et à nos petits maîtres sans qu'ils s'en aperçoivent, mais toujours pour leur bien, car nous sommes très fortes en orthographe et en calcul mental! Bref : les enfants nous adoraient et nous étions leurs préférées!
Mais un jour, pendant la récréation, alors que nous nous reposions au fond des trousses, les ciseaux, aussi méchants que jaloux, nous coupèrent les pattes! Les crayons, nos amis, essayèrent de nous protéger, mais ils durent s'enfuir devant les

grands coups de lames des ciseaux en furie. Pas une seule gomme ne put sauver la moindre de ses pattes !
Quand nos petits maîtres et maîtresses revinrent de récréation, le massacre était terminé. Ils étaient aussi tristes que nous et c'est depuis qu'ils nous prennent dans leurs menottes pour gommer taches et fautes !
Quant au jeune garçon de l'histoire précédente, dites-lui d'effacer de sa mémoire cette stupide histoire de chasse à la gomme !

R. Delpeuch

POURQUOI ne faut-il jamais battre un enfant ?

Chez les peuples indiens d'Amérique du Sud, vous ne verrez jamais de parents battre un enfant. Une légende des montagnes des Andes nous explique pourquoi.

Autrefois, ces peuples faisaient le soir de grandes fêtes, des fêtes qui duraient souvent toute la nuit. Bien sûr, les enfants n'avaient pas le droit d'y aller. Car les adultes dansaient

et chantaient autour des feux mais buvaient aussi de grandes quantités d'alcool de maïs.
Un soir pourtant, une fillette curieuse s'échappa de sa hutte et alla jeter un coup d'œil sur la fête des adultes. Lorsqu'elle vit sa mère tituber parce qu'elle avait trop bu, elle ne put s'empêcher de la questionner :
– Mère, que t'arrive-t-il donc ? Tu ne tiens plus sur tes jambes !
La mère ne put soutenir le regard de sa fille ; et de colère, la gifla violemment. La fillette s'enfuit en pleurant. Elle retourna vers les huttes, mais ses pleurs réveillèrent tous les autres enfants.
– Qui t'a donc fait mal ? lui demandèrent-ils.

Alors, la fillette expliqua que les adultes étaient devenus comme des fous et que sa mère l'avait battue sans raison.
Puis dans un élan de tristesse, la fillette s'éloigna du village en direction de la plus haute montagne. Et tous les enfants la suivirent en chantant d'une voix sourde et mélancolique. Ils marchèrent, marchèrent dans la nuit. Et quand ils arrivèrent au sommet de la montagne, ils continuèrent à grimper vers

le ciel et se changèrent en brillantes étoiles.

Lorsque les parents rentrèrent de la fête, tous les enfants étaient déjà dans le ciel. Les adultes eurent beau pleurer, leurs fils et leurs filles ne revinrent jamais. Ils jouent désormais pour l'éternité au firmament de la nuit.

Cette bien triste histoire a fait le tour de toutes les tribus des montagnes. Voilà pourquoi les Indiens des Andes se montrent toujours doux et compréhensifs envers leurs enfants. Ils n'ont pas oublié le petit village où les enfants se sont changés en étoiles.

D'après un conte des Indiens des Andes
M. Piquemal

POURQUOI les girafes ont-elles un long cou ?

Dans les temps très anciens, les girafes avaient un tout petit cou. L'une d'entre elles qui avait très faim s'approcha d'un arbre couvert de feuilles vertes et tendres.

Elle tendit son cou vers les feuillages mais elle était trop petite. Elle s'accrocha aux branches, grimpa sur le tronc mais ses sabots glissèrent et sa tête se coinça dans la fourche d'un gros rameau.

– Au secours, au secours ! cria-t-elle. Un éléphant qui passait par-là l'entendit et vola à son aide. Il essaya de lui tirer les pattes de derrière pour la dégager mais le cou de la girafe s'allongea jusqu'aux nuages.

– Un long cou c'est pratique pour atteindre les feuilles des grands arbres : gardons-le !

Dans la savane africaine, on murmure une autre légende.
Un grand sorcier dormait profondément sous un baobab près duquel se trouvait une mare. Une girafe qui venait boire le réveilla en sursaut. L'homme qui était une vraie tête de mule entra dans une colère terrible et jeta un sort à l'animal en disant :
– Que ton cou s'allonge jusqu'aux nuages, ainsi chaque fois que tu viendras boire, tu te prosterneras devant moi !

Écrit par les élèves du CE2 de J.-L. Pineau, de l'école Jean Moulin de Lignan sur Orb, en atelier d'écriture avec Michel Piquemal.

POURQUOI n'écrirais-tu pas un conte des pourquoi?

Tu n'as pas d'idée?
En voilà quelques-unes!

– Pourquoi l'âne a-t-il de grandes oreilles?
– Pourquoi le silence ne fait-il pas de bruit?
– Pourquoi la taupe vit-elle sous terre?
– Pourquoi le crabe marche-t-il de travers?

– Pourquoi les chats n'aiment-ils pas l'eau ?
– Pourquoi les chiens tournent-ils en rond avant de se coucher ?
– Pourquoi les cochons ont-ils une queue en tire-bouchon ?
– Pourquoi l'Italie a-t-elle la forme d'une botte ?
– Pourquoi le sommeil est-il empli de rêves ?
– Pourquoi le gruyère a-t-il des trous ?
– Pourquoi avons-nous des cheveux sur la tête ?
– Et pourquoi les hommes inventent-ils des histoires ?

Sommaire

ISBN : 978-2-84117-860-5

Société d'Édition et de Diffusion
pour la Recherche et l'Action Pédagogique.
9 rue des Frères-Boudé • BP 10665 • 31106 TOULOUSE Cedex 1
www.sedrap.fr

Loi n°49-956 du 16 juillet 1949 sur les publications destinées à la jeunesse.
Dépôt légal : Octobre 2006
réf : LTCPRO

Cet ouvrage a été imprimé sur du papier issu des forêts gérées durablement.

Achevé d´imprimer en Espagne par Graficas Lizarra: Février 2017